LES MOTS DE LA GRANDE GUERRE

BERTHELOT

RÉVILLON

éditions Joe

Pour Emmie, ma petite fille, qui j'espère ne connaîtra jamais la guerre.

Pour Knut Mackensen, « l'ennemi héréditaire » trop tôt disparu, qui aurait aimé en sourire.

Luc R.

Achevé d'imprimer en France
Dépôt légal : 3ème trimestre 2014
ISBN : 9791093636078

Au pied de la lettre

Quand les auteurs du présent ouvrage m'ont parlé de leur projet, j'ai immédiatement pensé à un livre d'enfance, de nombreuses fois feuilleté, qui illustrait à la lettre des expressions courantes comme casser les pieds, poser un lapin, perdre la tête… Les illustrations m'ont marqué et me reviennent aujourd'hui encore en utilisant l'une ou l'autre de ces expressions.

Je suis persuadé que *Les mots de la Grande Guerre* aura le même impact. La force de l'illustration humoristique et la rigueur du texte historique forment un duo d'une redoutable efficacité pédagogique. Quoi de plus agréable que de nourrir sa connaissance le sourire aux lèvres ? Car même sur un sujet aussi grave et sérieux que la Première Guerre mondiale, il est possible de porter un regard décalé. Les auteurs en font la preuve, grâce à un humour qui n'est pas sans rappeler, parfois, celui que l'on trouve dans les journaux de tranchées écrits par les soldats.

Dans le foisonnement des publications éditées à l'occasion du centenaire du conflit, l'originalité de ce livre est indéniable. Je souhaite qu'il incite ses lecteurs à s'intéresser à la Première Guerre mondiale, tout comme le Musée de la Grande Guerre du Pays de Meaux essaye de toucher un nouveau public grâce à une muséographie immersive et une médiation innovante.

Bonne lecture !

Michel ROUGER
Directeur du Musée de la Grande Guerre du Pays de Meaux

MUSÉE DE LA GRANDE GUERRE PAYS DE MEAUX

BARON ROUGE

Le baron prussien Manfred von Richthofen sert comme officier de cavalerie dans un régiment de uhlans. Sa conduite héroïque lui vaut d'être décoré de la Croix de fer dès septembre 1914.
En 1915, il intègre une escadrille. D'abord observateur, puis mitrailleur, il est breveté pilote au début de l'année 1916.
Il obtient ses premières victoires aériennes sur le front de Verdun en avril. Rapidement von Richthofen les accumule par dizaines ce qui lui vaut une immense notoriété tant en Allemagne que chez les Alliés. Nommé commandant de la 1re escadre de chasse allemande*, il est abattu en Picardie le 21 avril 1918, après avoir remporté sa quatre-vingt-unième victoire homologuée.
Lors de ses obsèques, le cercueil de « l'As des As » est porté en terre par six officiers britanniques tandis qu'une foule d'aviateurs alliés survole le cortège.
Au début de l'année 1917, Manfred von Richthofen fait peindre son avion en rouge afin qu'il soit facilement identifié, ce qui lui vaut le surnom de « Baron Rouge » ou « Diable Rouge ».

* voir Cirque volant

BOURRAGE DE CRÂNE

Dès le début de la guerre, les journaux sont soumis à la censure d'Etat. Leurs informations se limitent donc essentiellement aux communiqués officiels qui minimisent les revers et vantent les succès de l'armée.
Aussi, dès août 1914, plusieurs organes de presse pour meubler leurs colonnes n'hésitent pas à inventer le « mensonge patriotique », véritable désinformation destinée à maintenir le moral de l'arrière et à rassurer les familles des soldats. Par exemple, le 17 août 1914, *L'Intransigeant* écrit que « les blessures causées par les balles ne sont pas dangereuses ».
En octobre 1916, *Le Figaro* pour décrire les premiers chars d'assaut parle de « machine... avec de longs tentacules flexibles et luisants » plagiant mot à mot l'épisode des tripodes martiens imaginés par H.G. Wells dans *La Guerre des Mondes*.
L'expression bourrage de crâne, apparue en argot militaire dès la fin du 19ème siècle, est popularisée lors de la Première Guerre mondiale par les poilus exaspérés par cette littérature.

CANARD ENCHAINÉ

Créé en septembre 1915, *Le Canard enchaîné* est un hebdomadaire qui entend riposter par la satire et le rire à la censure de la presse, à la propagande officielle et au bourrage de crâne* imposés par la guerre. Le premier éditorial publié affirme : « *Le Canard enchaîné* prendra la plus grande liberté à n'insérer, après minutieuse vérification, que des nouvelles rigoureusement inexactes ».
Le journal s'attaque aussi bien aux politiciens, qu'aux affairistes, et aux curés. Il s'en prend particulièrement aux « va-t-en-guerre » de l'arrière. Ainsi *Le Canard enchaîné* lance en novembre 1916, un référendum pour « l'élection du grand chef de la tribu des bourreurs de crâne ». Publiés en juin 1917, les résultats donnent pour vainqueur le socialiste Gustave Hervé devançant d'une courte tête l'académicien Maurice Barrès.
Le terme canard, en argot, désigne un journal ; l'adjectif enchaîné fait référence au changement de titre du journal de Clemenceau, *L'Homme libre*. Celui-ci, après une interdiction de paraître en septembre 1914, est rebaptisé *L'Homme enchaîné*.

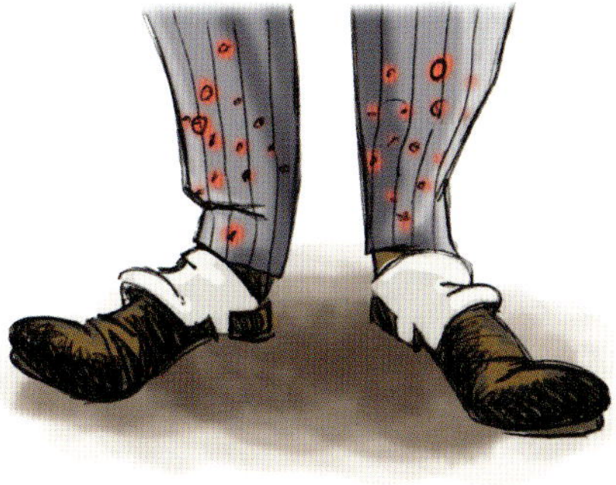

* voir Bourrage de crâne

CASQUE À POINTE

Ce nom désigne le casque porté par les fantassins allemands au début du conflit. Il est en cuir bouilli avec quelques garnitures métalliques dont la fameuse pointe qui orne le sommet du casque. Dès le début de la guerre, le casque à pointe, *pickelhaube* en allemand, est recouvert d'une protection de toile, pointe comprise, de couleur gris-vert, destinée à le rendre moins visible au cours des opérations militaires. À la même époque, la coiffe de couleur rouge des fantassins français est recouverte d'un manchon de toile bleue.
Alors que l'armée française est équipée à partir de l'automne 1915 du casque métallique Adrian en remplacement du képi en tissu, en février 1916, le *pickelhaube* est remplacé par un casque en fer plus protecteur, le *stahlhelm*.
La pointe métallique, qui donne son nom à ce casque allemand apparu à la fin du 19ème siècle, est à l'origine destinée à protéger les fantassins des coups de sabre verticaux donnés par les cavaliers.

CHEMIN DES DAMES

Ce nom est donné à une route longue d'une trentaine de kilomètres et, par extension, au plateau situé entre les vallées de l'Ailette et de l'Aisne. Tout au long de la guerre cette zone est le théâtre d'affrontements meurtriers.

Après la première bataille de la Marne en septembre 1914, les Allemands s'installent sur le plateau d'où les Franco-britanniques n'arrivent pas à les déloger.

En avril 1917, la zone est un des objectifs de l'offensive Nivelle qui se solde par trente mille morts les dix premiers jours. Cet échec sanglant est une des origines des mutineries de 1917.

La troisième bataille du Chemin des Dames commence le 27 mai 1918. Après une offensive victorieuse allemande de courte durée, les Français reprennent le plateau fin juillet.

Le Chemin des Dames tire son nom des « Dames de France », Adélaïde et Victoire. À plusieurs reprises, ces filles du roi Louis XV empruntèrent cette route lorsqu'elles se rendaient de Versailles au château de La Bove, dans l'Aisne.

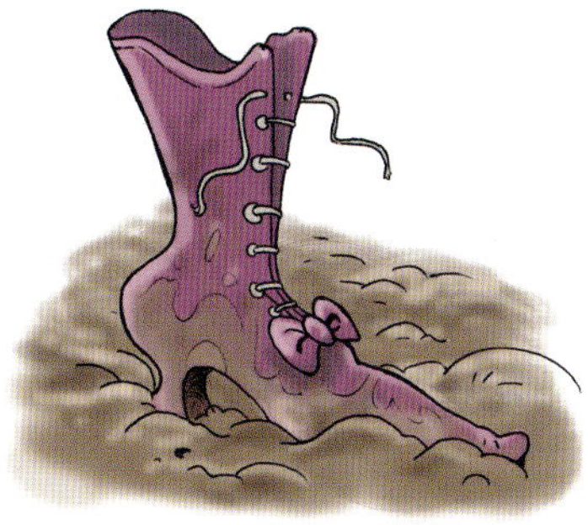

Chevaux de frise

Les premières utilisations des chevaux de frise remontent à l'âge de fer pour la défense des places fortes. Au cours des siècles, leurs matériaux et leurs formes ont évolué. Au moment de la Première Guerre mondiale, les chevaux de frise sont des barres de bois en forme de croix, entourées de fils de fer barbelés et disposées en avant des tranchées afin d'empêcher une incursion ennemie. Dans l'argot des combattants, ces barbelés dans lesquels s'empêtrent certains attaquants reçoivent le nom de « séchoir », car beaucoup y « séchaient » jusqu'à la mort.
Bien qu'incertaine, il semble que l'origine de l'expression remonte au 16e siècle, lors de la guerre de Quatre-Vingts Ans opposant les révoltés des Pays-Bas à l'occupant espagnol. Les assiégés de la ville de Groningue installèrent ce type de défense pour repousser les assauts de la cavalerie espagnole. Groningue jouxtant la province de Frise, le nom donné au dispositif viendrait de là. En allemand ou en langues scandinaves, chevaux de frise se traduit d'ailleurs par « cavaliers espagnols ».

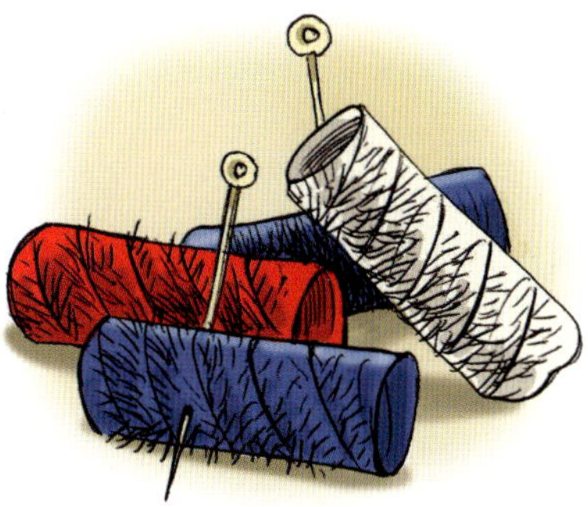

CIRQUE VOLANT

Cette expression est associée à Manfred von Richthofen*. Après avoir, au début de l'année 1917, dirigé la Jagdstaffel 11, escadrille allemande basée à Douai, Manfred von Richthofen obtient en juin le commandement de la première escadre de chasse allemande (Jagdstaffel 1), qui regroupe quatre escadrilles.

Volant désormais à bord d'un triplan peint en rouge, spécialement construit pour lui par la société allemande Fokker, le *Baron Rouge* fait évoluer les règles des combats aériens qui passent de duels à des tournois dans lesquels s'affrontent des dizaines d'appareils. Les escadrilles se déplacent en convoi et leur objectif est désormais de s'assurer de la maîtrise aérienne dans un secteur du front afin d'appuyer les actions au sol de l'artillerie et de l'infanterie.

Le *Cirque Richthofen* ou *Cirque volant* est une expression popularisée par les aviateurs alliés et par la presse. Le défilé de ces nombreux appareils, peints pour la plupart de couleurs vives, pouvait en effet faire songer à une parade de cirque.

*voir Baron Rouge

ARRIVÉ

COURSE À LA MER

Après la bataille de la Marne*, de mi-septembre à mi-novembre 1914, les Franco-britanniques et les Allemands vont essayer de prendre à revers l'aile marchante ennemie. Ces tentatives de débordement de l'adversaire, l'aile droite allemande pour les Franco-Britanniques, l'aile gauche ennemie pour les Allemands, conduit les armées à se déployer depuis le Chemin des Dames* jusqu'à la mer du Nord. L'expression couramment utilisée de « course à la mer » est donc inexacte, car, à aucun moment les adversaires n'ont cherché à atteindre la mer, qui constitue le dernier obstacle pour les belligérants, mais bien à contourner l'aile ennemie.
Les opérations militaires de tentative de débordement ayant échoué, à l'approche de l'hiver, les adversaires creusent de part et d'autre de la ligne de front* des tranchées et commencent alors une meurtrière guerre de position qui va perdurer jusqu'au printemps 1918.

*voir Chemin des Dames
*voir Ligne de front
*voir Taxi de la Marne

Berlin

DIABLES BLEUS

Cette expression désigne les chasseurs à pied et les chasseurs alpins français qui sont souvent utilisés comme troupes de choc pendant la Grande Guerre.

Ces unités sont considérées comme des troupes d'élite. Au 19ème siècle, lors de leur création, il était indispensable de savoir lire et écrire pour les intégrer. Au début du conflit, elles regroupent de bons tireurs et de bons sportifs. Les chasseurs affectés à la défense de la frontière des Alpes sont recrutés de préférence parmi les montagnards et pratiquent le ski. D'autres chasseurs sont équipés d'une bicyclette pliante mise au point par le capitaine Gérard.

Fin janvier 1915, de rudes combats opposent les chasseurs à pied français aux chasseurs prussiens dans les Vosges, en particulier sur le « Vieil-Armand », le Hartmannswillerkopf. Après une défense héroïque, la centaine de chasseurs français survivants se rend et reçoit de ses adversaires les honneurs de la guerre ainsi que le surnom de diables bleus, lié à leur courage et à la couleur de leur uniforme.

DRAGON

Les dragons sont des cavaliers susceptibles de combattre à pied.
À partir de juin 1915, toujours armés de la lance, ils sont dotés, comme le reste de l'armée française, d'un uniforme bleu horizon et du casque Adrian. Au printemps 1917, certains servent dans les premières unités de char d'assaut.
L'origine de l'appellation dragon est controversée. La plus vraisemblable est liée à l'animal ailé mythique, symbole de puissance et de courage qui orne l'étendard du roi Arthur des Chevaliers de la Table ronde.
Selon une autre hypothèse, Raoul Dragon de Gomiécourt ayant levé au 13e siècle pour lutter contre les Anglais une troupe de soldats combattant à pied et à cheval, ces derniers auraient été appelés du nom de leur chef.
Une autre explication remonte au 16e siècle. Des arquebusiers montaient en croupe des chevaux conduits par des mercenaires allemands. Les tireurs désignaient ces derniers sous le mot allemand *träger* qui signifie *porteur*. Une hypothèse suggère que *träger*, à force d'être mal entendu et mal répété, aurait été transformé en dragon.

Escadrille des Cigognes

Lorsque la Première Guerre mondiale éclate, l'escadrille n°3 basée à Belfort est affectée à des missions d'observation. Mais, dès août 1914, ses pilotes attaquent l'ennemi en lançant sur lui des bombes et des fléchettes d'acier. C'est le début de la guerre aérienne, suivie d'affrontements à la carabine puis à la mitrailleuse.
L'escadrille, qui participe dès la Marne à toutes les grandes batailles, compte parmi ses membres les plus grands « as » de l'aviation française comme Georges Guynemer (1894-1917), Roland Garros (1888-1918) ou René Fonck (1894-1953).
Au cours des batailles de Verdun et de la Somme en 1916, elle livre près de quatre cents combats aériens ce qui lui vaut une citation collective. À la fin de la guerre, l'escadrille des Cigognes totalise cent soixante-quinze victoires homologuées.
Son surnom naît fin 1916 lorsque les pilotes prennent l'habitude de faire peindre sur le fuselage de leur appareil une cigogne en vol comme signe distinctif de leur escadrille.

ALIMENT
POUR LES
ESTOMACS
DÉLICATS

FORCE NOIRE

L'expression qui désigne des troupes coloniales composées majoritairement d'autochtones date de la fin du 19e siècle. En 1910, dans son livre *La Force noire*, le lieutenant-colonel Mangin, nommé général en 1913, préconise l'emploi rapide et massif des troupes coloniales dans le cas d'une guerre en Europe.
Leur engagement est effectif, surtout à partir de 1916. Au total sur les quelque 135 000 tirailleurs sénégalais engagés sur le front occidental, 30 000 d'entre eux trouvent la mort pendant le conflit, soit 23% des troupes engagées. Ce pourcentage supérieur aux tués des troupes métropolitaines (environ 16% des conscrits), ne doit pas amener à la conclusion que les tirailleurs sénégalais furent utilisés systématiquement comme « chair à canon ». Cette surmortalité vient aussi du fait que la Force Noire servit essentiellement dans l'infanterie où le pourcentage de pertes avoisine les 30%. Elle s'explique également par la mauvaise adaptation des Africains aux rigueurs de l'hiver en France. Cependant il est indéniable que le « sang noir » fut versé afin d'épargner le « sang français ».

GROSSE BERTHA

Ce surnom de Grosse Bertha, « Dicke Bertha », désigne à l'origine les pièces d'artillerie allemande de très gros calibre, mais d'une portée inférieure à 15 km. À partir de 1915, les journalistes et les civils désignèrent ainsi les Länger Max, à l'origine destinés à la marine à la portée beaucoup plus longue, ainsi que les Pariser kanonen, capables de tirer jusqu'à 120 km. De mars à août 1918, ces bombardements depuis la forêt de Saint-Gobain sur la capitale française semèrent panique et indignation chez les Parisiens. Ils furent la cause de deux cent cinquante-six morts et de nombreux dégâts matériels.
Ce surnom de Grosse Bertha, « Dicke Bertha », est donné à leurs pièces d'artillerie de gros calibre et de moyenne portée par les Allemands eux-mêmes. Dans les usines Krupp où l'on fabrique ces canons, il est habituel de les baptiser d'un nom familier. Bertha Krupp est la fille unique du patron Friedrich Krupp. « Grosse » fait référence à la taille du canon et non à l'embonpoint de l'héritière Krupp.

LIGNE DE FRONT

Le front est le terrain occupé par une troupe en ligne déployée pour le combat au contact le plus proche de l'ennemi. À partir de la fin de la course à la mer*, la ligne de front occidentale évolue peu entre l'automne 1914 et le printemps 1918, au cours de ce qu'il est convenu d'appeler la guerre de positions.
Pendant cette longue période, la guerre pour la première fois ne connaît plus de grandes batailles rangées en rase campagne. Le fantassin perd peu à peu son rôle décisif. Il a conscience qu'il ne peut pas faire grand chose contre un front fortifié, face à un adversaire valeureux et disposant d'une puissance de feu au moins égale si ce n'est supérieure à la sienne. Une telle force d'artillerie réduit souvent la largeur d'attaque des fantassins à quelques centaines de mètres de front : chaque assaut entraîne des pertes énormes dans les rangs de l'infanterie.
On utilise parfois le terme de front intérieur – *home front* en anglais – pour désigner l'arrière et les civils.

* voir Course à la mer

MARMITE

« Les obus nous suivent, marmites et shrapnells. Trois fois, je me suis trouvé en pleine gerbe d'un shrapnell, les balles de plomb criblant la terre autour de moi, fêlant des têtes, trouant des pieds ou crevant des gamelles » écrit Maurice Genevoix dans *Ceux de 14*. Comme la plupart des combattants de la Grande Guerre, l'écrivain, qui est grièvement blessé lors des combats des Éparges en avril 1915, utilise l'argot des tranchées pour désigner les projectiles ennemis.
Le surnom de marmite est donné par les soldats français aux obus de gros calibre tirés par l'artillerie allemande, voire par la française lorsqu'elle ajuste trop court. Les combattants peuvent parfois suivre des yeux la trajectoire de ces obus qu'ils nomment également « gros noir ». Des poilus parlent aussi de « seaux à charbon » pour désigner certains projectiles. En donnant à ces engins explosifs le nom d'objets de la vie courante, similaires dans leur forme, les combattants entendent peut-être apprivoiser la mort en la traitant avec ironie.

Marraine de guerre

Les marraines de guerre sont nées de la volonté de fournir un appui moral par le courrier, un soutien matériel par les colis, aux soldats originaires des régions occupées qui éprouvent des difficultés à correspondre avec leur famille. En janvier 1915 est créée la première association, *La Famille du Soldat*, suivie de *Mon Soldat*. On voit également les marraines de guerre se développer dans certaines écoles où des classes de petites filles écrivent et envoient des paquets aux soldats.
Mais le but originel qui est d'offrir un réconfort aux poilus ouvre parfois la voie à des relations sentimentales entre jeunes hommes et jeunes femmes. C'est une des raisons pour laquelle les marraines de guerre ne sont plus louées dans la presse comme l'incarnation du patriotisme et de l'Union sacrée mais présentées comme des femmes ou des filles faciles profitant de la guerre pour séduire des jeunes gens.
Ces critiques et la guerre qui s'éternise entraînent le déclin du mouvement à partir de 1916 alors qu'à son lancement il avait passé le cap des soixante-dix mille « marrainages ».

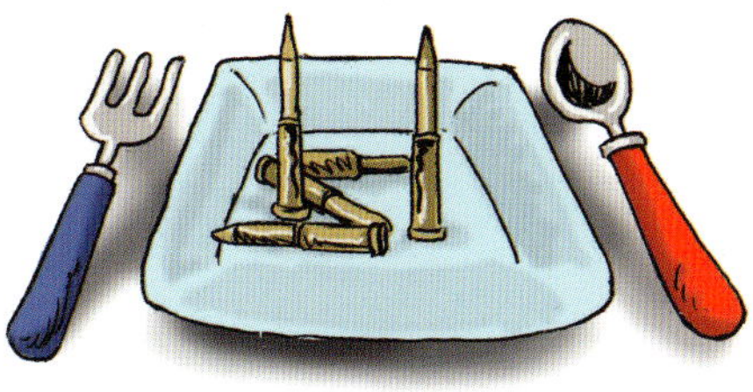

NETTOYEUR DE TRANCHÉES

Les nettoyeurs de tranchées, choisis parmi des hommes de sang-froid, ont mauvaise réputation, étant souvent confondus avec les corps francs. Ils opèrent avec les mêmes techniques de combat, mais ne poursuivent pas les mêmes objectifs. Lors de l'assaut d'une tranchée ennemie, les nettoyeurs progressent généralement avec la deuxième vague. Leur rôle est de détruire d'éventuelles poches de résistance afin d'éviter que des ennemis puissent prendre les soldats français à revers. En 1916, le manuel du chef de section précise : « Afin de ne pas s'attarder, les nettoyeurs de tranchées ne descendent pas dans les tranchées ou boyaux. Ils sèment des grenades sur leur passage ; leur attention doit se porter principalement sur les abris dont les ouvertures souvent obstruées par le bombardement ne sont pas toujours apparentes. Les prisonniers sont rassemblés et rapidement évacués par les soins des gradés qui dirigent les nettoyeurs de tranchées. »
La seconde mission de ces hommes est d'occuper la tranchée prise afin de sécuriser l'arrière des troupes d'assaut.

Poilu

Rendu célèbre lors de la Première Guerre mondiale, le mot poilu lui est bien antérieur. Il désigne dès les guerres napoléoniennes un soldat particulièrement vaillant, le poil étant le symbole de la virilité et donc du courage. Le poilu est le soldat aguerri dans les tranchées en opposition au « bleuet » ou « bleu » terme sous lequel on désigne le jeune conscrit sans expérience qui vient d'arriver sur le front.
Comme dans les tranchées, les combattants, qui éprouvent des difficultés à se raser, laissent pousser barbe et moustaches, certains journalistes emploient le mot en référence à leur système pileux. Cependant cette origine du mot ne pourrait s'appliquer que dans les débuts de la guerre, car dès l'apparition des gaz de combat, le règlement militaire interdit le port de la barbe gênant pour l'utilisation des masques à gaz.
Autour des années 2000, les médias remettent le terme à la mode avec l'expression « derniers poilus » qui désigne la centaine de combattants survivants dont Lazare Ponticelli, « le der des ders », décédé le 12 mars 2008 à l'âge de 110 ans.

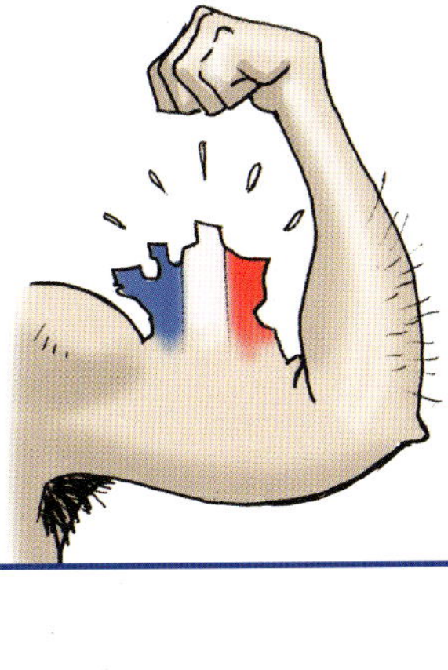

SAUCISSE VOLANTE

Ce surnom, dû à leur forme, est donné par les Français aux ballons captifs d'observation.
Le campement du ballon est généralement installé dans un vallon ou dans une clairière afin de le dissimuler à la vue de l'ennemi. Une fois gonflé à l'hydrogène et lesté, l'aérostat est arrimé entre 800 et 1000 mètres d'altitude. Le rôle des observateurs, qui restent une douzaine d'heures voire davantage dans leur nacelle, est double. D'une part, ils renseignent sur les mouvements et positions de l'ennemi. D'autre part, ils aident l'artillerie lourde française à ajuster ses tirs.
Les aérostiers courent à la fois le risque des attaques de l'aviation ennemie, mais également celui des bourrasques de vent non prévues par la météo. Ainsi le 5 mai 1916, sur le front de Verdun, une forte tempête provoque la perte de vingt-quatre ballons et la mort de cinq aérostiers. Au cours de la guerre, les servants de ces saucisses volantes sont les premiers à expérimenter l'usage du parachute.

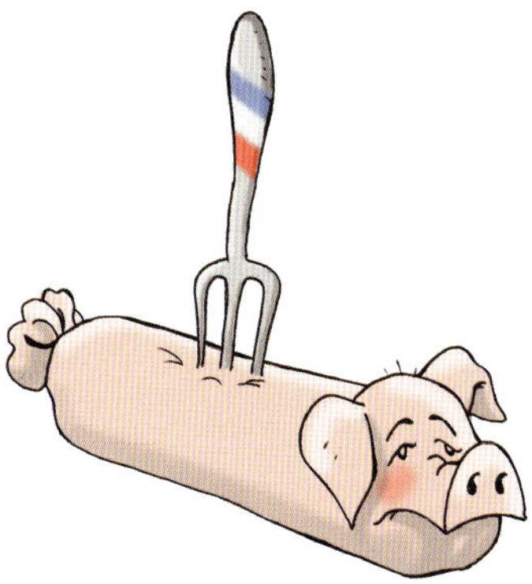

SOLDAT INCONNU

Dès novembre 1916, le souhait d'édifier un monument à la gloire d'un Soldat inconnu français est formulé. Suite à d'autres sollicitations et à une importante campagne de presse, André Maginot, ministre des Pensions, déclare début novembre 1920 : « Des ordres ont été envoyés aujourd'hui aux commandants des neuf champs de bataille pour faire exhumer, dans un endroit désigné par eux et tenu secret, le corps d'un soldat identifié comme français, mais dont l'identité personnelle n'aura pas été établie. » C'est l'ancien poilu* Auguste Thin qui, en présence du ministre, choisit un cercueil parmi les huit déposés dans la citadelle de Verdun. Le 11 novembre 1920, lors d'une cérémonie officielle, le cercueil est transféré dans la pile gauche de l'Arc de Triomphe, en attendant d'être inhumé sous le monument le 28 janvier 1921. Le Panthéon ayant été évoqué, le choix du lieu occasionna de vives discussions.
Le 11 novembre 1923 fut allumée sous l'Arc de Triomphe une flamme symbolique qui, depuis cette date, est ravivée tous les soirs au cours d'une cérémonie.

* voir Poilu

TAXI

TAXI DE LA MARNE

En 1914, le parc des taxis parisiens se compose d'environ douze mille véhicules qui sont pour la plupart des modèles AG-1 issus des usines Renault. Comme tout matériel roulant, ils sont soumis à la réquisition en temps de guerre.
Le 6 septembre 1914, à la veille de la contre-offensive de la Marne, l'état-major du général Gallieni, commandant en chef de la place de Paris, décide d'utiliser près de sept cents taxis - payés au tarif habituel d'une course - pour faciliter le transport vers le front* d'environ trois mille fantassins. Les premiers véhicules quittent Paris dans la nuit pour Nanteuil-le-Haudouin situé à une cinquantaine de kilomètres. Il est précisé que « pour le bon ordre de la colonne, et pour ne pas fatiguer les autos, il ne faudrait pas dépasser 16 kilomètres à l'heure ».
Bien qu'ayant véhiculé un pourcentage infime des combattants engagés dans la bataille de la Marne, les taxis deviennent rapidement légendaires. Ils représentent aux yeux de l'opinion le lien fort qui unit les civils aux combattants dans la défense de Paris.

* voir Ligne de front

VOIE
SACRÉE

VOIE SACRÉE

Dès le 22 février 1916, lendemain du déclenchement de l'offensive allemande sur Verdun, la route reliant Bar-le-Duc à Verdun est réservée à l'acheminement des troupes et du matériel sur le théâtre des opérations : chaque jour douze mille hommes et deux mille tonnes de matériel. La Commission Régulatrice Automobile qui a été créée pour la circonstance instaure une sévère réglementation: « il est interdit de doubler, de stationner, tout véhicule en panne est poussé dans le fossé ».
Fin février, sous l'effet du dégel, les camions commencent à s'embourber. Aussitôt, des territoriaux comblent les ornières avec des tonnes de cailloux. Ce sont ainsi plus de huit mille hommes qui nuit et jour sont affectés à l'entretien de la Voie Sacrée.
Après l'anecdotique épisode des Taxis de la Marne*, la Voie Sacrée contribue à faire des transports motorisés un élément clé de la Grande Guerre.
L'expression Voie Sacrée est créée par Maurice Barrès en référence à la *Via Sacra* empruntée par les généraux romains auxquels le Sénat avait accordé un triomphe.

*voir Taxi de la Marne

SOMMAIRE